Kirby Puckett

FOTOGRAFÍA

Copyright del texto © 1993, The Child's World, Inc.
Todos los derechos reservados. Ninguna parte de este libro puede ser reproducida ni utilizada de
ninguna forma ni por ningún medio sin la autorización expresa y por escrito del editor.
Impreso en los Estados Unidos de América.

Distribuido a escuelas y bibliotecas en los Estados Unidos por:
ENCYCLOPAEDIA BRITANNICA EDUCATIONAL CORP.
310 S. Michigan Avenue
Chicago, Illinois 60604

Datos para Catálogos y Publicaciones de la Biblioteca del Congreso:
Rambeck, Richard.
Kirby Puckett / Escrito por Richard Rambeck
p. cm.
Resumen: Biografía de la carrera beisbolista del jugador de los Mellizos de Minnesota, Kirby
Puckett, uno de los mejores bateadores del béisbol.
ISBN 1-56766-053-3

1. Puckett, Kirby - Literatura para jóvenes.
2. Béisbol, jugadores de - Estados Unidos - Biografía - Literatura para jóvenes.
[1. Puckett, Kirby. 2. Béisbol, jugadores de. 3. Afroamericanos - Biografía.]
I. Título
GV865.P83R36 1993   92-6587
796.357'092-dc20   CIP
[B]   AC

Kirby Puckett

Por Richard Rambeck

Los Mellizos de Minnesota estaban jugando contra los Bravos de Atlanta en la Serie Mundial de 1991. Los Bravos les llevaban la delantera a los Mellizos, tres juegos a dos, y estaban tratando de ganar finalmente el título de la Serie en el sexto juego. Kirby Puckett jugaba de jardinero central en el Metrodome de Minnesota cuando Ron Gant, del equipo de Atlanta, conectó una pelota curva alta y la pelota, en trayectoria de arco, pasó por encima de la cabeza de Puckett. La pelota no parecía tener suficiente fuerza para llegar hasta el palco del estadio, pero fue más arriba de lo esperado. Gant estaba seguro de lograr por lo menos una jugada doble, y quizás una triple. No parecía factible que alguien pudiera atrapar la pelota, mucho menos Kirby Puckett, un jugador bajo de sólo 1,72 m de estatura.

"¿**S**abe en verdad qué es lo que más me gusta? —le dijo Puckett a un reportero hace varios años— La defensa. Me encanta cuando un tipo cree que ha bateado un cuadrangular y yo salto y se lo arrebato. ¡Eso sí que es divertido!"

Aquel día, desafiando todas las leyes de lo posible, cuando Puckett corrió para capturar la pelota curva alta que Gant había bateado, Kirby estaba convencido de que lograría capturar la pelota. También lo creían los espectadores exaltados de Minnesota, quienes anteriormente habían visto a Puckett capturar innumerables jugadas como ésta. Kirby corrió hasta la pared y saltó del piso con su robusto cuerpo.

Puckett se selevó más y más. La pelota cayó dentro de su guante y el Metrodome retumbó con las ovaciones de los aficionados. Kirby lo había hecho otra vez. Le había robado a Ron Gant y los Bravos de Atlanta la que podía haber sido una imparable. Kirby Puckett vivía para momentos como éste. Pero no había terminado su trabajo. Los Mellizos tenían todavía que terminar el juego, tenían que ganar para mantener la esperanza de ganar la Serie Mundial. Además de la captura sensacional, Puckett robó una base, conectó una jugada triple y una sencilla, y empujó una carrera con una pelota curva alta de sacrificio. Esto ayudó al equipo de Minnesota a ganar un empate de 3-3, causando así que se jugaran las entradas adicionales.

Puckett se colocó frente a la base del bateador. Era el primer bateador de la alineación durante la segunda mitad de la entrada número once. Todavía el marcador estaba 3-3. El equipo de Atlanta puso como lanzador al zurdo Charlie Leibrandt para lanzar contra la estrella del equipo de Minnesota. En realidad, quizás no hubiera importado quién estuviera en el montículo de lanzamiento porque Puckett estaba decidido a terminar el juego con una imparable. Leibrandt estaba frente a uno de los más peligrosos bateadores del béisbol. El lanzador de Atlanta inició el lanzamiento y soltó la pelota. Menos de un segundo después, Puckett conectó con la pelota, enviándola por encima de la cerca sobre el sector izquierdo del centro del campo, marcando así un cuadrangular. Así ganó Minesota este día, con una victoria de 4-3. Ahora había un empate con Atlanta de 3-3 en la Serie Mundial.

Durante el séptimo juego, Jack Morris, lanzador veterano, fue el héroe de los Mellizos. Dejó sin puntaje al equipo de Atlanta durante diez entradas. En la segunda mitad de la entrada diez, Puckett se puso al bate cuando había corredores en base. Tenían así la oportunidad de ganar el juego y la Serie Mundial. Sin embargo, el equipo de Atlanta no estaba dispuesto a repetir lo que había ocurrido en el sexto juego. Los Bravos permitieron que Puckett caminara. Más tarde, Gene Larkin dio el batazo que ganó el juego. Por segunda vez en cinco años, los Mellizos de Minnesota habían quedado de Campeones de la Serie Mundial. Todos los jugadores del equipo de los Mellizos sabían que no lo habrían logrado sin Puckett, quien casi solo cargó el equipo a cuestas durante el sexto juego.

La Serie Mundial de 1991 no era la primera ocasión en que Puckett había resultado ser el héroe de los Mellizos. Desde mayo de 1984, cuando entró a formar parte del equipo, había sido uno de los mejores bateadores del béisbol. Pero también se le conoce por sus excelentes jugadas defensivas y su gran velocidad para correr las bases. Siempre amenaza con batear un cuadrangular o robar una base. También es posible verlo robar el cuadrangular de un oponente, elevándose de un salto por la pared para capturar la pelota.

"Me encanta ver jugar a Puckett — dijo el antiguo gerente de los Marineros de Seattle, Dick Williams — Se puede ver claramente cómo disfruta al jugar. El béisbol necesita muchos jugadores más como Kirby Puckett".

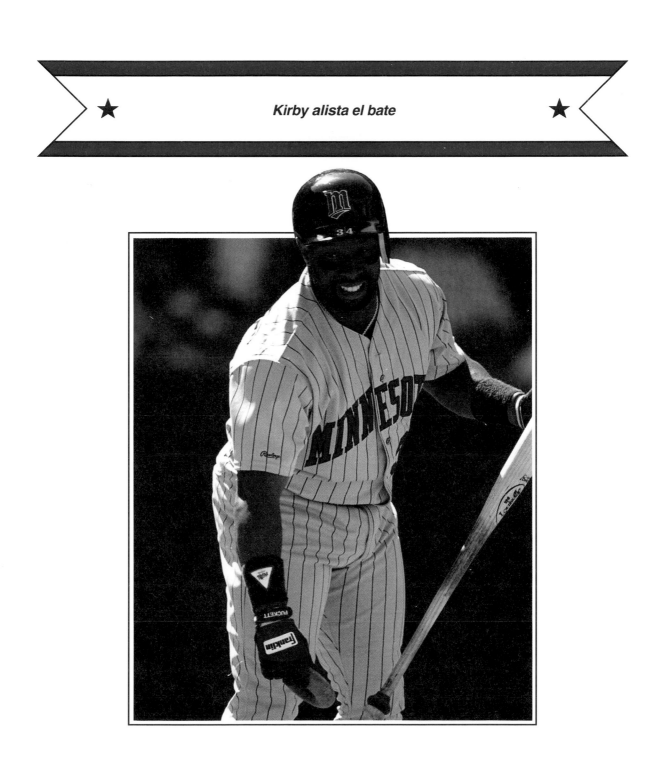

17

La mayoría de los equipos que juegan contra Minnesota estarían de acuerdo en que un solo Kirby Puckett es más que suficiente. Lo más sorprendente de Kirby Puckett es que su apariencia física no parece la de un jugador de béisbol. El fornido Puckett se asemeja a un hidrante de agua. Es bajo y robusto, casi gordo.

"Al mirarlo, alguien podría pensar que es un muchachito gordo —dijo el antiguo manager del equipo de Minnesota, Ray Miller—pero al tocarlo es como tocar concreto".

Cuando Al Newman, el jugador de segunda base del equipo de Minnesota, vio a Puckett por primera vez, no podía creer lo que veían sus ojos.

"Me dije: ¿cómo podrá jugar este tipo? ¿Cómo podrá batear?" —recuerda Newman.

Cuando estaba creciendo, Kirby se dio cuenta de que no iba a ser muy alto, entonces trató de hacerse lo más fuerte posible.

"Quería ser levantador de pesas como Arnold Schwarzenegger" —explicó.

Puckett también quería ser jugador de béisbol. Pasó su niñez en el área sur de la ciudad de Chicago, donde muchos de los muchachos pertenecían a pandillas y se dedicaban al crimen. Pero Puckett no era uno de ellos.

"Esas cosas no eran importantes para mí. Me refiero a las pandillas y todo eso —recuerda—. Sólo era un muchacho y la pasaba bien. Llegaba de la escuela, hacía mi tarea y luego buscaba a algunos muchachos para jugar a la pelota".

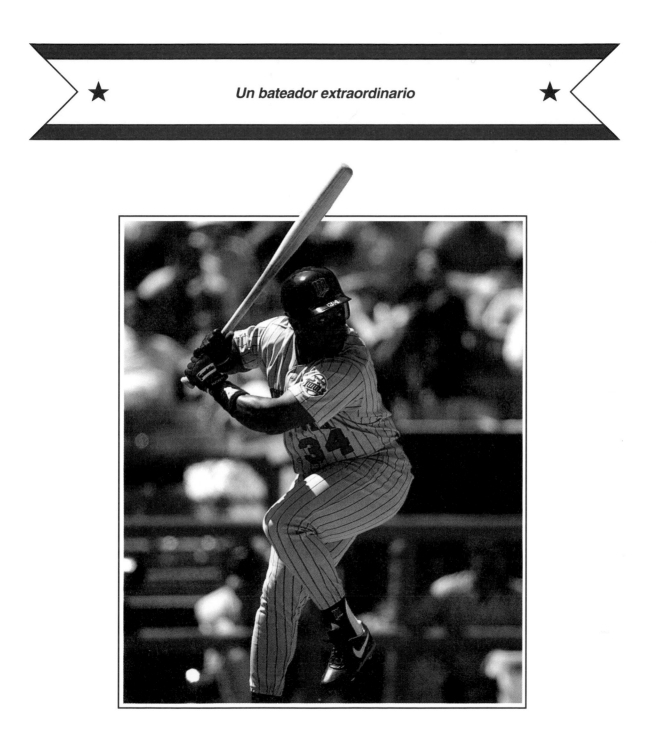

Si Puckett no encontraba con quien jugar, tiraba la pelota solo contra una pared o trataba de golpear con un palo calcetines enrollados.

"Me gustaba el béisbol tanto que siempre estaba pensando en maneras de continuar jugando" —dijo Puckett.

Kirby fue seleccionado para jugar en el equipo de béisbol de su escuela secundaria, pero realmente no era una estrella. Jugaba tercera base y su entrenador esperaba que el jugador de tercera base marcara cuadrangulares. Puckett no marcaba cuadrangulares, aunque tenía un buen promedio de bateo. Al graduarse de la escuela secundaria, no recibió ninguna oferta de beca de ninguna universidad.

Después de la escuela secundaria, Puckett comenzó a trabajar con la Compañía de Automóviles Ford durante un año. Jugó al béisbol con un equipo semiprofesional, donde llamó la atención de un reclutador en busca de jugadores para la Universidad Bradley y esta universidad le ofreció una beca. El entrenador de Bradley decidió que Kirby debería jugar de jardinero central y no de tercera base. Puckett pasó un año en Bradley pero dejó la universidad al morir su padre. Más tarde, entró en el Colegio Comunitario Triton en River Grove, Illinois, para estar más cerca de su madre. Cuando estaba en Triton, Puckett se convirtió en estrella. En 1982, bateó un promedio de 472 sobre mil, marcó dieciséis cuadrangulares y robó cuarenta y dos bases.

Los reclutadores de las ligas mayores ya sabían quién era Kirby Puckett. Fue el jugador seleccionado por Minnesota en la primera ronda en 1982. Puckett pasó tres años en las ligas menores antes de que los Mellizos lo llamaran a jugar en mayo de 1984. En ese año, Puckett bateó un promedio de 296 sobre mil, sin ningún cuadrangular. En 1985, su promedio fue de 288 sobre mil, pero sólo marcó cuatro cuadrangulares. Más tarde, antes de comenzar la temporada de 1986, el entrenador de bateo del equipo de Minnesota, Tony Oliva, trabajó con Puckett. Oliva cambió la manera en que Kirby se paraba frente a la base del bateador y repentinamente empezaron a volar cuadrangulares del bate de Puckett. Marcó treinta y un cuadrangulares en 1986.

Kirby Puckett se convirtió en uno de los mejores bateadores del béisbol, pero no fueron los cuadrangulares los que hicieron de él un jugador especial. Lo que lo hacía sobresalir era la manera de golpear la pelota. Puckett golpeaba la pelota con tal fuerza y de tal manera que ningún otro jugador en la historia de este juego ha golpeado la pelota más fuertemente que él. Cuando no estaba marcando cuadrangulares, Puckett estaba golpeando líneas o roletazos por el piso. Cada temporada, desde 1986 hasta 1989, bateó un promedio de más de 300 sobre mil. En 1988, su promedio fue de 356 sobre mil. En 1989, Puckett bateó sólo nueve cuadrangulares pero ganó el título de bateo de la Liga Norteamericana con un promedio de 339 sobre mil.

Aun si Puckett no es uno de los jugadores que invariablemente conectan con la pelota, es un jugador en quien siempre se puede contar debido a la actitud positiva que mantiene sin importar las circunstancias.

"Siempre está sonriente" — dijo su compañero de equipo, Al Newman.

"Hay algo en su manera de ser que hace sentir bien al que esté a su alrededor" — dijo el manager del equipo de Minnesota, Tom Kelly.

Si Puckett hace sentir bien a la gente, es porque él se siente bien.

"Me encanta este juego — explicó Kirby—. Me gusta jugar. Me gustaba jugar desde que era niño. No me dediqué al béisbol para escaparme del barrio pobre. Me dediqué al béisbol porque me gustaba. Y ahora he llegado a las grandes ligas".